AF268172

LE

CATHOLICISME

ET

LES MALHEURS DE LA FRANCE

RÉFLEXIONS

SOUMISES AUX PROTESTANTS ET AUX CATHOLIQUES

PAR

UN PROTESTANT DE GENÈVE

GENÈVE

GROSSET ET TREMBLEY, LIBRAIRES-ÉDITEURS

4, CORRATERIE

1871

AU LECTEUR

Ces quelques pages n'étaient point destinées à la publicité d'une brochure. Elles nous ont été livrées par un ami et nous ont paru propres à faire quelque bien.

En dissipant les préjugés sur une grande question, l'auteur offre aux Protestants de bonne foi et aux Catholiques égarés plus d'un enseignement utile; et il a d'autant plus d'autorité qu'il est Protestant.

C'est ce qui donne leur caractère spécial et leur principal intérêt à ces réflexions simples, judicieuses, auxquelles il a semblé opportun de donner, par notre signature, une marque d'authenticité.

Genève, 3 mai 1871.

J.-M. MARIN.

LE CATHOLICISME

LES MALHEURS DE LA FRANCE.

Beaucoup de journaux protestants et incrédules attribuent à la religion catholique la décadence de la France. D'autre part, Mgr. Dupanloup pense que le mal vient de ce que la France n'est pas assez catholique.

Les ennemis de l'Eglise sont-ils dans le vrai, ou devons-nous croire l'illustre évêque? La France est corrompue. Sur ce fait l'on est d'accord. Les mœurs sont relâchées, Dieu ni le pouvoir ne sont aimés et respectés par la majorité du peuple, l'égoïsme règle la conduite du citoyen. L'intérêt en fait un homme d'ordre, l'intérêt un homme de désordre.

L'enseignement des prêtres a-t-il perverti la conscience des Français?

Le prêtre enseigne le catéchisme et administre les sacrements.

Les protestants et les incrédules connaissent mal le catéchisme catholique. Ils le citent parfois pour augmenter la force d'un argument contre le *papisme;* mais à cause de leur ignorance des motifs de crédibilité du fidèle catholique, l'interprétation de ces critiques n'a que la valeur d'un mensonge.

Que ces protestants et ces incrédules méditent le catéchisme du concile de Trente, par exemple, composé dans le but d'instruire les prêtres ayant charge d'âmes, des points qui regardent leur ministère pastoral ; que ces protestants conforment leur vie aux préceptes de ce livre : alors nous verrons en eux des citoyens auxquels nous confierons sans hésiter notre fortune, notre honneur, le soin d'administrer le pays.

L'on nous objecte que le peuple des campagnes est corrompu, quoiqu'il apprenne le catéchisme. C'est vrai. La faute en est-elle au prêtre ? est-ce le prêtre qui met en son âme l'esprit de révolte, qui lui procure ces grands et petits journaux où Dieu et la morale sont bafoués, où l'on flatte l'orgueil de l'ignorant et ses mauvais instincts ?

Vous ajoutez : « Il y a d'infâmes maximes dans la morale catholique. »

Nous répondons : Citez-les-nous, montrez vos autorités, prouvez que ces autorités sont reçues par l'Eglise.

Vous ne sauriez, ou bien si vous acceptiez notre défi, nous vous réfuterions sans peine. Mais, dites-vous, les prêtres n'enseignent pas seulement la morale. Pour retenir le peuple sous leur puissance, ils le maintiennent dans la superstition ; ils lui font croire, par exemple, que la Sainte-Vierge est apparue au juif Ratisbonne et aux enfants de la Salette. Voilà les fables absurdes que l'on apprend au peuple français, au dix-neuvième siècle !

Oui, nous l'avouons, lorsque l'évêque autorise la croyance à ces miracles, les prêtres en parlent avec vénération à leurs ouailles. Remarquons que ces miracles ne sont pas des articles de foi. Le catholique le plus orthodoxe est libre de douter de l'apparition de la Salette. — « Là n'est pas la question, répondez-vous, car si le catholique instruit ne croit pas, l'ignorant accepte de confiance le miracle. »

Vous vous trompez. Des catholiques instruits croient ces miracles, et d'une foi ferme, d'une foi raisonnée qui peut rendre compte de ses motifs.

Les protestants orthodoxes ajoutent qu'en enseignant ces mensonges au peuple, on le prédispose à l'incrédulité, car d'un extrême, c'est-à-dire de la superstition, il va à l'autre extrême, l'athéisme.

Ces protestants sont encore dans l'erreur. Ces prétendues superstitions ne blessent la conscience d'aucun bon catholique. Bien au contraire, elles raffermissent des âmes chancelantes dans la foi. La sainteté et les miracles du curé d'Ars, ce prêtre humble entre les humbles, ont agi pour la gloire de Dieu sur des centaines de mille pèlerins.

Nous n'accorderons pas davantage aux protestants que ces *jongleries*, c'est un des termes qu'ils emploient, éloignent du christianisme les incrédules. Car, lorsque ceux-ci arrivent à accepter le surnaturel de l'Evangile, pour peu qu'ils soient doués d'un esprit logique, ils ne feront aucune difficulté d'admettre la possibilité des miracles actuels.

Prétendrez-vous qu'au moyen de la confession, les prêtres font des hommes serviles qu'ils dominent par la terreur?

Sur ce point, nous argumenterons contre vous à une condition : Faites un scrupuleux examen de conscience, agenouillez-vous ensuite devant un prêtre et lui découvrez toutes les misères de votre âme. Nous vous attendrons alors, mais nous pensons que d'accord avec nous, vous engagerez vos frères malades à demander aux prêtres le soulagement et la guérison.

« S'il est bon de se confesser, ajouterez-vous, il ne l'est pas de se confesser aux prêtres, car il en est beaucoup de mauvais. »

Pour appuyer cette thèse, vous consultez vos auteurs protestants qui rapportent des faits à la charge du clergé, vous fouillez les comptes rendus des débats des tribunaux, vous exhibez une pauvre folle tirée d'un couvent et montrez ses meurtrissures ; sur l'autorité de Garibaldi, vous nous faites frémir d'horreur à l'aspect d'ossuaires d'enfants recueillis dans les cours des cloîtres ; un moine à la face réjouie, le verre en main, voilà pour vous le type de l'habitant des monastères.

Aussi longtemps que vous ne nous donnez pas des preuves, nous avons le droit de ne point vous croire sur parole. Il y a eu des scandales signalés dans les couvents, nous l'avouons, mais presque toujours les enquêtes ont démontré que les faits avancés étaient ou très-exagérés, ou faux. Les comptes rendus des débats des tribunaux dévoilent, il est vrai, des actes irrécusables. Qu'est-ce que cela nous prouve? Que sur mille prêtres, il en est un d'infâme. Un sur mille, et il faut condamner la confession ! Déchirerons-nous le code parce qu'il y a des juges iniques, fermerons-nous les temples protestants parce que des pasteurs prêchent contre les miracles?.... Il faudrait opposer à la statistique des chercheurs de scandales, des statistiques qui ne leur plairaient point. Le procédé ne serait pas charitable. Nous préférons leur dire: Il y a en France, croyons-nous, cinquante mille prêtres au moins, dix mille sœurs de charité, un grand nombre d'ordres religieux. Ramassez les scandales, et quand votre dossier sera prêt, nous vous montrerons des saints et des martyrs contemporains. Nous en trouverons en Chine, en Amérique, en Afrique, en Europe, en France, à Paris. Ils comparaîtront devant l'opinion. Elle verra leurs œuvres. Elle dira: Voici les fruits du vrai catholicisme, voici ceux qui, malgré la guerre acharnée qu'on fait à l'Eglise, lui donnent des millions de fils dévoués, voici les chrétiens que les âmes généreuses cherchent à imiter. — Ces mauvais prêtres que vous avez sous la main, vous n'oserez plus nous les présenter, et votre haine pour l'Eglise devra chercher un autre argument. Vous nous direz peut-être que ces cinquante mille bons prêtres sont impuissants pour le bien, puisque la France est corrompue ? Jésus, aussi, fut impuissant pour convertir la majorité des Juifs. Il fut injurié par la foule, accusé par les sages de corrompre la morale, calomnié, et il l'est encore par de brillants sophistes, il fut crucifié.

La France est corrompue, mais non toute la France. Le parti de Dieu est fort. Il est partout, et ne fait pas de bruit, quoiqu'il manifeste sa vitalité par des œuvres admirables. Il est l'avenir de la France !

Le mal dispose de moyens tellement puissants, qu'il faut s'étonner que la corruption ne soit pas plus grande. Il a pour lui les institutions créées depuis la révolution, et le souverain, presque constamment, a favorisé son extension.

Il faudrait un gros volume pour exposer d'une manière convenable les causes de la décadence. Ne disposant que de quelques pages, nous en parlerons brièvement, laissant à quelque autre le soin de compléter notre travail.

Nous pourrions remonter à Luther et à Calvin, et plus haut. Partons de la révolution. Cette protestation de l'orgueil humain contre le christianisme fut, ainsi que la réforme, le châtiment d'une société corrompue. D'abord, ce châtiment se manifeste comme un bienfait. Des abus furent détruits, le peuple fit de légitimes conquêtes. Ce bien sorti de la révolution tenait à quelque influence chrétienne qui, à l'insu des philosophes du dix-huitième siècle, s'était attachée aux idées qu'ils popularisèrent.

Après avoir donné d'un coup ce qu'elle avait de bon, la révolution devint une puissance satanique. Ses principes sont les axiomes de l'orgueil humain opposés aux articles de foi du christianisme.

Le bon catholique doit, du fond de ses entrailles, haïr la révolution. Si quelques bons catholiques éprouvent de la sympathie pour elle, c'est qu'ils ne voient pas que la liberté révolutionnaire veut séparer l'homme de Dieu, substituer dans l'âme l'orgueil à l'humilité chrétienne, réhabiliter le péché. Logiquement, il n'y a pas de tiers-parti entre celui de l'Eglise et celui de la révolution. Le catholique libéral, en définitive, concluera pour l'un ou pour l'autre, suivant que l'orgueil ou l'humilité prévaudra dans son cœur.

Le combat entre la bourgeoisie unie au peuple et l'Eglise, la royauté, la noblesse, ne fut que le premier épisode d'une lutte entre le paganisme et le catholicisme, entre la nature corrompue de l'homme et le Christ.

Le Christ, un moment, paraît vaincu. Quelques années se passent, son règne recommence avec le Concordat. Mais la révolution est toujours puissante. Elle se développe dans les institutions et les lois du commencement du siècle.

Napoléon fut un Constantin sans conviction. Ce qu'il fit pour l'Eglise, se serait fait malgré lui et contre lui. Le Concordat fut l'œuvre du politique et non du chrétien. Le génie de l'empereur mesura la force de l'élément chrétien en France, la mit de son côté, et l'empire fut possible. Plus tard, devenu tout puissant, le despote outragea la papauté, et fut vaincu.

Sous son règne, la révolution se fortifia. Elle pénétra de son esprit le code Napoléon, code athée, dont les hommes de quatre-vingt-neuf élaborèrent les articles.

Ses armées, formées sous la république, répandirent en Europe les semences des révolutions futures.

Son despotisme perfectionna le système de la centralisation, par lequel s'est concentrée dans une seule ville la vie politique et morale d'une grande nation. Cette ville étant le foyer naturel de toutes les forces vives de la révolution, celle-ci exerça une influence prépondérante dans la conduite des affaires. Il devint possible qu'un Paris athée imposât sa loi aux provinces chrétiennes.

L'empereur, par l'usage qu'il en fit, popularisa le système de la conscription militaire, cause puissante de décadence. Enfin, il fonda l'Université, qui rendit des services signalés à la cause révolutionnaire. Passons au règne de Louis-Philippe. Le gouvernement de Juillet fut un agent actif de la révolution. Né de la révolution, il se maintint par l'appui du haut parti révolutionnaire représenté par les hommes de l'Université ; mais dédaignant l'alliance de l'Eglise, qu'il laissa persécuter, subissant la liberté de la presse, il tomba renversé par les hommes qui s'attachaient aux conséquences extrêmes des principes de quatre-vingt-neuf.

De même que la liberté d'examen, en matière religieuse, détruit toute autorité doctrinale, de même, en matière politique, elle sape tous les pouvoirs établis. Un pays où il y a liberté absolue de la presse doit arriver nécessairement à l'anarchie, c'est-à-dire à cet état où l'individu est le souverain et exécute la loi. Dans le domaine religieux (car la révolution religieuse a précédé la révolution politique), l'effet est produit. L'anarchie règne dans le protestantisme. Réunissez quatre protestants pris au hasard, vous mettez aux prises quatre docteurs ayant droit de faire des dogmes. Si l'anarchie politique ne s'est encore établie en aucun pays, c'est que, dans aucun pays, la liberté de la presse n'est d'institution ancienne. Toutefois, au mal déjà fait, l'on peut juger du mal à venir.

Sous Louis-Philippe, la décadence marcha rapidement. L'observateur superficiel parlait de prospérité. Il voyait la bourgeoisie riche, l'industrie prospère, la vapeur décuplant les moyens productifs de l'homme. Il ne voyait pas les progrès de la corruption chez les individus.

Examinons l'une après l'autre les principales causes de la corruption de la France.

La liberté de la presse. Cette liberté donne à chacun la faculté d'attaquer les lois divines et humaines. Depuis Napoléon, le Français a abusé de cette faculté. Nous considérons Béranger, par exemple. Sa muse est canaille, sensuelle, boit du vin bleu et jette l'injure au prêtre. Sous un bon prince, elle eût été muselée. Quoi ! dites-vous, la France aurait été privée d'une de ses gloires nationales ? — Oui, mais sa jeunesse n'eût pas bu le poison de volupté renfermé dans ces chansons. Gloire infâme, mais hélas ! bien réelle. Tout Paris se pressa aux funérailles de Béranger. Pour lui, avant de mourir, il apprécia cette gloire et mourut confessé.

Nous avons montré un seul homme. Que de cœurs il a corrompus, que d'esprits il a faussés, que de jeunes âmes il a détournées de Dieu. Or, il y a mille écrivains, qui avec plus ou moins de talent que Béranger, ont travaillé et travaillent à l'œuvre de corruption : la plupart des grands poètes, des publicistes, des romanciers. Dans les cafés, dans les gares, voici partout des journaux à gravures obscènes. L'habitué se nourrit de ces productions, le voyageur les achète et les porte à la maison. — Eh bien ! qu'un honnête homme s'élève contre la liberté de cette presse dangereuse, on lui fera honte de ses principes rétrogrades. Cette liberté, pour l'opinion de notre siècle, est de droit révolutionnaire, et ce droit prime le droit divin.

Et les grands journaux politiques et littéraires, qui ont

l'un vingt mille lecteurs, l'autre cent mille, croit-on, en conscience, qu'ils font plus de bien que de mal? Le bien, nous ne le voyons pas. Ont-ils appris à l'ouvrier à aimer Dieu et le prochain, à être heureux dans sa sphère. N'en ont-ils pas fait un misérable qui se hait lui-même, hait ses semblables, et qui cherche à réaliser son idéal sur la destruction de la société? Dans les articles politiques, dans les critiques littéraires, dans les feuilletons, l'orgueil du peuple est exalté, sa sensualité excitée.

Et les auteurs dramatiques! A quel régime nous ont-ils mis depuis quarante ans. Le bourgeois bâille aux vers de Racine, et applaudit d'ineptes charges comme la *Belle Hélène*. Le dimanche, les pères conduisent la famille au café chantant. Thérésa est admirée, et mainte jeune fille, au moment de la prière du soir, s'essaie à imiter l'ignoble chanteuse. Aux poètes, aux romanciers, aux auteurs dramatiques, aux spirituels journalistes, à eux donc une large part de responsabilité pour les maux actuels de la France. Ont-ils voulu la corrompre? Oh ! non : *Ils ne savent ce qu'ils font*. La révolution les emploie comme des forces aveugles pour agir sur les consciences.

Un seul grand journal (mais il y en a d'autres, sans doute, que nous ne connaissons pas; on nous signale en particulier l'*Union*) n'a jamais pactisé avec les ennemis de l'Eglise. Pendant trente ans, se fixant dans l'orthodoxie catholique, il a combattu les mauvais principes. Toute la presse a été contre lui, même la presse catholique libérale. Il a tenu tête, il a organisé la résistance des bons catholiques, il a pris en main les bonnes causes; et il semble que malgré la multitude de ses adversaires, il ne sera pas le vaincu dans la lutte. M. Veuillot, cet auteur que le peuple ne lit point, qui est moqué des gens habiles et qu'on n'ose encore louer tout haut dans le monde, aura, dans vingt ans, sa place parmi les grands hommes.

L'instruction et l'éducation. Pendant le règne de Louis-Philippe et jusqu'en 1849, époque où quelque liberté fut donnée à l'initiative catholique, l'Université eut le monopole de l'enseignement. La presse était libre, parce que cette liberté profitait à la révolution; l'enseignement ne l'était pas, car la liberté eût rendu à l'Eglise ses droits sur la jeunesse française. Ces savants philosophes et professeurs, Villemain, Dupin, Cousin, Génin, etc., se montrèrent de vrais révolutionnaires en défendant le monopole. Ils n'aimaient pas l'Eglise. Ils voulaient former contre elle une génération d'hommes d'élite qui, devenue directrice de l'opinion, assurerait la prépondérance du parti libéral modéré, attaché par instinct aux idées révolutionnaires, et par intérêt au parti de l'ordre. Jusqu'à un certain point ils ont réussi, et leur école a rendu les plus grands services à l'incrédulité. Par contre, la loi de 1849 permit à l'Eglise d'occuper quelques positions qui lui assurèrent une part d'influence dans l'éducation de la jeunesse.

Cette opinion est commune, qu'une des causes de la décadence est l'ignorance des masses. Que la loi rende l'instruction obligatoire, dit-on, et le pays se relèvera !

L'ignorance, en effet, est une des causes du mal. Cet homme, et cet homme est le grand nombre, qui lit régulièrement les journaux et a sur sa table un recueil de chansons, cet homme est moins instruit que cet autre qui ne connaît pas une des lettres de l'alphabet, mais qui sait le catéchisme par cœur. Celui-ci a la bonne science, celui-là possède un instrument qui lui sert à apprendre le mal.

Nous voulons que le peuple sache lire, car nous sommes convaincu que plus un homme est éclairé, plus sa foi est solidement assise. Mais avec l'instruction primaire il faut l'éducation religieuse. Sans éducation religieuse, plus l'on a de science, plus l'on est ignorant.

C'est donc au prêtre qu'il faut confier l'instruction du peuple. L'instituteur laïque officiel, les faits le montrent, est révolutionnaire. Dans sa basse condition, il veut être le rival du curé. Il se sert de sa mince science pour s'affranchir et affranchir l'élève du joug de la religion. Il lui parle de dignité, de droits de l'homme, il nourrit de chimères l'orgueil de l'enfance, il la prépare à goûter la littérature de cabaret, à mépriser les superstitions des ancêtres : « Croire les miracles quand on peut épeler, allons donc ! ces fables sont bonnes pour les ignorants ! »

Voilà des jeunes gens pervertis, qui au sortir de l'école trouvent de nouveaux maîtres pour se perfectionner : les camarades plus âgés, les journalistes, les petits ambitieux de l'endroit. On lui enseigne que l'homme est fait pour jouir...., et le malheureux s'efforce de jouir. Il ne jouit pas, il s'enivre et il rêve. Il songe que la jouissance est dans la possession de la richesse ; il devient envieux, irritable, il s'enrôle enfin dans cette Internationale par laquelle Dieu châtiera la société moderne, si celle-ci persévère dans son impiété.

L'armée et la conscription. Qu'une partie de la jeunesse saine d'un pays soit envoyée plusieurs années en garnison, que la partie malsaine, impropre au service, reste au village ou dans l'atelier, que ce système soit appliqué sur deux ou trois générations, le résultat certain sera une diminution de la force physique et morale des habitants ; d'une part, le manque de jeunes gens donne aux hommes réformés, c'est-à-dire malades, plus de facilités pour le mariage, et d'une autre une fraction notable des hommes que l'armée rend après plusieurs années de service, gâtés par la vie de garnison, ne sont plus aptes à produire une race vigoureuse.

En outre, de seize à vingt ans, à cet âge où l'homme a

le plus d'énergie pour se faire sa place dans la société, il refoule ses espérances et n'ose rien entreprendre. Pourquoi travaillerait-il avec ardeur? Suivant le sort, il sera soldat ou il commencera à vivre. Triste esclave de son incertitude, il ne prend donc pas de métier, et ne pouvant se lier par un chaste amour, il cherche la corruption. Un grand nombre se destinent à se faire remplaçants. Dans l'oisiveté, ils font l'apprentissage de leur futur métier. Mauvais ouvriers, mauvais sujets, l'on dit en les voyant : « A quoi sont-ils bons? A l'état militaire. »

Abominable institution ! Depuis quatre-vingts ans, elle est appliquée en France, et n'est pas encore condamnée par l'opinion. Ne parle-t-on pas du noyau d'une nouvelle armée formé par la classe de 1871. Si les législateurs, ne se souvenant que des victoires passées, ne changent complétement le système, ils préparent à la France des jours plus funestes que ceux de 1870.

La centralisation. Dans un Etat bien organisé, l'administration des intérêts généraux doit être conduite en vue des intérêts individuels. Analysons. Dans un pays comme la France, il y a : 1° Les intérêts individuels, 2° les intérêts communaux, 3° les intérêts départementaux, 4° les intérêts généraux.

La défense du pays est d'intérêt général. La centralisation

est nécessaire pour que le soldat obéisse au mouvement imprimé par le chef suprême. Or, il est juste aussi que la charge militaire pèse le moins possible sur lui. D'un côté, l'unité dans le commandement sera établie par le système de centralisation, de l'autre, les intérêts du soldat seront sauvegardés par l'application du système de décentralisation. Expliquons-nous. Le système de centralisation s'appliquera à l'état-major. Son instruction relèvera du pouvoir central. L'aspirant officier sera tenu de quitter son foyer pour se rendre dans les écoles spéciales. Ce déplacement, remarquons-le, ne nuira pas à ses intérêts, car, l'expérience le montre, ces officiers seront des hommes qui, par goût, embrasseront le noble métier des armes.

L'important est d'avoir un état-major assez nombreux, pour que, par son moyen, la pensée du général en chef parvienne rapidement au dernier soldat. Cependant il n'est point nécessaire que tous les officiers d'un bataillon, par exemple, fassent partie de l'état-major. Il suffit que leur instruction soit telle qu'ils comprennent facilement les ordres qui leur sont transmis et qu'ils les exécutent promptement. Ainsi, la majorité des officiers de l'armée ne sera obligée de suivre les écoles centrales que pendant le temps nécessaire pour se pénétrer de l'esprit de l'état-major général. Comme le simple soldat, ils apprendront le métier dans leur commune, dans le canton ou dans un camp départemental. Cette instruction sera facilement rendue uniforme dans tout le pays, par la formation d'un corps d'instructeurs volontaires.

Comme il faut que les soldats et les officiers surtout connaissent les grandes manœuvres, de temps à autre, tous les trois ans, par exemple, les bataillons seraient appelés dans des camps provinciaux placés sous le commandement d'officiers d'état-major. Ces camps sont, dans ce système, d'une nécessité absolue pour l'instruction des officiers supérieurs et des intendants, pour habituer le simple soldat à une discipline plus sévère que celle à laquelle il est soumis au département ou à la commune sous des chefs connus de lui, qui dans la vie civile occupent parfois une position subordonnée à la sienne.

Ce système est à peu près le système suisse. Appliqué à la France, il lui donnerait une armée de plus de trois millions d'hommes et n'empêcherait pas le citoyen de suivre le métier qui lui convient.

Quant aux intérêts religieux, ils sont aussi d'intérêt général, mais l'Etat n'a point à inventer de système pour centraliser entre ses mains le pouvoir spirituel.

Qu'il paie ou ne paie pas les ministres du culte, le souverain, quel qu'il soit, ne doit promulguer aucune loi qui mette ces ministres sous sa dépendance. Et comme les intérêts religieux sont de premier ordre, le souverain est tenu de veiller à ce que l'Eglise ait toutes ses aises pour agir sur les consciences. En France, l'indépendance du clergé n'a

pas été respectée, car c'était lui porter atteinte que de donner le monopole de l'enseignement à l'Université, c'est-à-
dire de le centraliser dans un corps favorisé par l'Etat. Le
système de centralisation, appliqué à l'instruction, a produit, comme nous l'avons dit, un mal incalculable. Qu'on
abolisse le ministère de l'instruction publique, que la liberté
complète soit proclamée, le peuple ne manquera pas d'ins-
tituteurs. L'Eglise se chargera de l'instruction primaire.
Pour les études supérieures, elles se feront dans des uni-
versités provinciales d'institution privée.

A l'heure qu'il est, le système de centralisation étouffe
la France. Les intérêts communaux et départementaux sont
dans les mains du ministre, chef suprême qui a ses généraux, ses colonels, ses capitaines, ses caporaux. On les
nomme secrétaires, chefs de bureau, sous-chefs, simples
employés. C'est le cadre de l'armée civile, et le citoyen est
tenu de respecter comme son supérieur le plus infime mem-
bre de l'aristocratie administrative. Ces cadres, à eux seuls,
forment une innombrable armée d'employés qui portent en
tout lieu la pensée souveraine et empêchent tout élan indi-
viduel. Supposons, au contraire, des municipalité très-fortes
chargées du recouvrement de l'impôt, de l'éducation primaire sans préjudice du droit des prêtres, de l'entretien des
églises, des routes qui sont sur le territoire de la commune,
etc. Aurait-on beaucoup d'employés? Non, peu ou point.
Les municipaux feraient gratuitement une part de la beso-

gne, et les ouvriers le reste. L'on ne verrait plus les cafés des petites villes remplis d'employés qui du nord au midi sont les mêmes partout, ont partout le même niveau d'intelligence, le même style, les mêmes défauts, les mêmes traits de visage, et qui absorbent une bonne part des ressources de l'Etat. Voilà une multitude d'hommes à renvoyer à la terre et à l'industrie ; voilà des centaines de millions à économiser, voilà une des sources de l'immoralité à tarir, voilà le moyen de rendre à l'individu quelque valeur en l'obligeant à compter plus sur lui-même que sur l'administration. L'homme trop administré perd l'occasion de penser, et recherche celle de faire la cour d'abord au caporal, c'est-à-dire au petit employé, ensuite au sergent, ensuite au capitaine. Il calcule le degré de bassesse nécessaire pour attendrir l'un ou l'autre, et il s'endort content si le gendarme du lieu a trinqué avec lui dans la journée.

Nous terminons ici ce travail très-incomplet. Toutefois nous pensons avoir démontré d'une manière satisfaisante que la corruption actuelle ne doit pas être imputée aux prêtres, et que Mgr. Dupanloup n'a que trop raison de dire que la France n'est pas assez catholique.

GENÈVE. — IMPRIMERIE FICK.